AF314861

MÉMOIRE

PRÉSENTÉ

A LA COMMISSION DU BUDGET

IMPOTS DIVERS

Modifications des tarifs. — Simplifications de perception.
Augmentation des recettes.

Par M. ROCHARD

ANCIEN EMPLOYÉ SUPÉRIEUR DE L'ADMINISTRATION DE L'ENREGISTREMENT
ET DES DOMAINES

PARIS

IMPRIMERIE VICTOR GOUPY
RUE GARANCIÈRE, 5

Sans l'union de la Pratique à la Théorie, le Progrès est un vain mot.

Messieurs,

Malgré les impôts augmentés, malgré les nouveaux impôts établis, il faut encore au Trésor public des ressources plus grandes.

Les sages mesures financières sont-elles donc totalement taries ? Beaucoup le croient et ils en donnent, pour preuve, certains impôts déjà votés ; — cependant cela n'est pas, et, sans avoir la prétention de donner ici la liste de toutes celles qui sont encore à notre disposition, je vous demande la permission de vous soumettre les suivantes.

Je les crois toutes d'une application facile. Elles ne touchent qu'à la fortune acquise des contribuables. Elles simplifient la perception de certains impôts, elles en augmentent les produits.

Il est facile de démontrer combien tout notre système fiscal soutient peu l'examen, aussi bien au point de vue de l'équité la plus élémentaire, qu'au point de vue des plus simples principes d'Économie politique. Bien des causes concourent à ce triste résultat, mon but aujourd'hui n'est pas de vous les rappeler toutes ; pour justifier mon opinion, je vous demande cependant la permission de vous citer une seule de ces causes, parce que ses conséquences sont désastreuses et que, dans les propositions qui vont suivre, j'ai eu soin de m'en tenir éloigné. Cette cause tient à ce que le plus grand nombre de nos impôts a pour base les choses les plus nécessaires à la vie et au travail de chacun, par ce motif... barbare! que ces choses ne peuvent échapper à l'impôt, étant de nécessité première!

En équité, comme en bonne économie politique, n'est-il pas évident que ce motif devrait suffire pour, au contraire, exempter ces mêmes choses de l'impôt; tout au moins pour les frapper, seulement dans les circonstances extrêmes?

Cela n'est pas cependant, pourquoi?

Pourquoi!...

Pour le moment je veux laisser de côté ces questions si vitales, si fondamentales, ne voulant, dans ce mémoire, que parler seulement de quelques mesures financières propres à augmenter les ressources publiques, *mais sans peser davantage sur les choses de première nécessité pour la vie de chacun, pour la vie de l'industrie nationale.*

Sans plus tarder j'arrive à mon sujet.

I

Droit de transmission sur les titres des Sociétés et Compagnies, fondées par actions, ramené au droit de 0,20 p. 100 par an, sur la valeur de ces titres, sans distinction entre ceux au porteur et ceux nominatifs.

Les Sociétés et Compagnies montées par actions paient aujourd'hui, pour leurs titres en circulation, un droit de transmission ainsi fixé :

Pour les actions et oblig. au porteur, par an.   0,20 p. 100

Pour   id.   nominatives, sur le prix du transfert. . . . . 0.50 p. 100

De plus, les conversions de titres paient 0.50 p. 100 sur la valeur vénale des titres convertis.

Je n'ai pas à examiner cet impôt dans ses principes; il existe, je le prends dans sa réglementation présente que je veux respecter, à la seule exception près de la fixation des chiffres ci-dessus, parce qu'ils donnent le résultat déplorable que voici :

Le Capital-porteur est inférieur au Capital-nominatif et pourtant il paie beaucoup plus d'impôt de transmission !

Pourquoi?

Rien ne porte plus à la fraude que ces grandes inégalités consacrées par une loi d'impôt.

Il était facile cependant de prévoir ce résultat, car, de tout temps, les grandes Compagnies, les plus riches, ont eu peu, ou point, de titres au porteur ; et leurs titres nominatifs représentent des placements si avantageux, qu'ils changent rarement de main. Telles sont les Sociétés ci-après :

La Banque de France,
Les grandes Compagnies d'Assurances,
Les grandes Compagnies de Mines,
Les Glaces de Saint-Gobain,
Le Crédit foncier, etc., etc., etc.

Le résultat que je viens de signaler constitue une injustice trop forte, pour n'être pas réparée promptement.

Or, en présence des besoins du Trésor public, il n'est pas possible d'abaisser le droit de 0,20 p. 100 aujourd'hui perçu sur les titres au porteur ; et cela avec d'autant plus de raison que ce droit n'a rien d'exagéré quand on le compare avec celui perçu pour une cession de valeurs mobilières, qui est aujourd'hui de 2 fr. 50 p. 100, avec celui perçu pour une cession de créance, qui est aujourd'hui de 1 fr. 25 pour 100.

Par ces motifs je viens vous proposer la perception du droit de transmission de 0.20 pour 100, par abonnement, sur tous les titres dont s'agit, *sans distinction entre ceux au porteur et ceux nominatifs*.

En adoptant cette mesure vous procurerez au Trésor une ressource dépassant 12,000,000 par an, comme il est facile

de le constater par le chiffre total des titres de l'espèce en
circulation. De plus vous ferez acte de justice en soumet-
tant, à un impôt égal, des actions et des obligations égales
entre elles au point de vue de la valeur vénale, comme au
point de vue du revenu.

II

*Les Polices d'assurances sur la vie et les Actes y relatifs, soumis à
la formalité de l'enregistrement* dans les 20 jours de leur date,
moyennant le paiement des droits dus, d'après les lois en
vigueur, à raison des effets civils *produits par ces Polices et
Actes.*

Ainsi que l'indique le titre de cette proposition, elle
a pour but de soumettre à la formalité de l'enregistrement les
Polices d'assurances sur la vie et les Actes qui en dérivent,
non plus alors seulement qu'il en est fait usage en justice,
mais dans le délai de 20 jours à partir de leur date. Elle
a pour but aussi de substituer aux droits aujourd'hui per-
çus sur ces actes, et dans la critique desquels je crois sans
objet d'entrer ici, *les drois résultant des tarifs en vigueur et
déterminés par les effets civils des actes formalisés.*

Cette proposition est purement fiscale, dira-t-on; c'est frapper un impôt spécial sur ce qui doit être protégé, l'Économie !

Sans aucun doute, c'est frapper l'Économie ! Mais, com-
ment reculer devant cette nécessité, *quand on est obligé de
frapper directement le* TRAVAIL !

Le travail qui souvent ne donne que le nécessaire.

Si la mesure que je propose ici était votée, au grand
avantage du Trésor public, avant de la faire disparaître
du nombre de nos lois fiscales, bien d'autres taxes, autre-
ment rigoureuses, devraient être abandonnées, et en pre-

mière ligne l'augmentation des droits d'enregistrement sur les actes extra-judiciaires : prôtet, citation en justice de paix, opposition, saisie-arrêt, saisie-brandon, saisie-exécution! etc., etc.

Voici les principes généraux qui me paraissent devoir réglementer cette mesure, dont il n'est pas possible de donner, même approximativement, le rendement au profit du Trésor, tant sont divers les effets civils résultant des conventions stipulées dans ces polices; ce que l'on peut affirmer, c'est que ce rendement sera d'un chiffre sérieux, car les opérations de l'espèce roulent sur des sommes très-élevées.

Nous avons en France cinq grandes Compagnies se livrant à ces opérations, et un grand nombre de compagnies d'une clientèle plus restreinte. — Les cinq grandes compagnies sont : *la Générale, la Nationale, l'Union, le Phénix, le Soleil* (dont la dernière n'a pris cette matière que depuis un an ou deux); elles donnent un capital assuré s'élevant à plus de . . . . 1,000,000,000 fr.

En admettant que le capital assuré par toutes les autres compagnies ne s'élève qu'à la moitié de cette somme, ci. 500,000,000

Cela porte à 1,500,000,000

le capital imposable aux droits de :

    Quittance à . . . . 0 67 p. 100.
    Cession à . . . . 1 25 »
    Constitution de rente à. . . . . 2 50 »
    Donation, et mutation par décès variant de 1,25 à . . . . . . 11 25 » suivant les cas, et les événements.

Il y a certainement là une ressource importante pour le trésor; ressource assez sérieuse pour n'être pas plus longtemps négligée, en présence des besoins si nombreux et si grands du pays.

I. — A partir du..... seront soumis à la formalité de l'enregistrement, dans les **20** jours de leur date, les actes ci-après, qu'ils soient passés avec des Compagnies à prime fixe, des Compagnies mutuelles, ou sous forme de Tontine :

Les Polices d'assurances sur la vie, temporaires, ou en cas de décès, avec ou sans participation dans les bénéfices, et autres.

Les Avenants et Tous actes modifiant ces polices,

Les Quittances de sommes payées aux compagnies par les associés,

Les Quittances, Décharges données aux compagnies par les bénéficiaires.

II. — Les Polices passées postérieurement à la présente loi seront enregistrées au droit fixe de 2 fr., ainsi que les Avenants et tous actes modifiant ces polices.

Les Primes payées, chaque année, aux compagies par les assurés seront soumises au droit de. . . . . 0, 50 p. 100.

Tant celles versées en vertu de polices postérieures à la présente loi, qu'en vertu de polices antérieures.

Ce droit sera payé au Trésor, par la compagnie, chaque année, et par quart, dans les vingt premiers jours du premier mois de chaque trimestre (1), en se conformant aux mesures d'ordre qui seront fixées, à cet égard, par un règlement administratif.

III. — Au moment où le cas prévu par la police, pour fixer la somme revenant au bénéficiaire, se réalisera, l'acte réglant cette situation sera soumis à l'enregistrement dans les vingt jours de sa date, aux droits ci-après, en déduction desquels viendra, s'il y a lieu, le droit de 0 50 p. 100 déjà perçu sur les primes et sommes versées par le *bénéficiaire*.

Savoir :

1° Si le bénéfice consiste en une somme payable par le compagnie, en vertu d'une assurance à durée limitée, au profit du souscripteur, sur sa tête ou sur la tête d'un tiers, et si cette somme est payée au *souscripteur*, il sera perçu un droit de quittance, ci. . . . . 0 50 p. 100.

(1) Comme cela se fait aujourd'hui pour le droit de transmission sur les titres des compagnies montées par actions.

2° Dans ce cas, si le bénéfice de l'assurance consiste en une rente viagère, il sera perçu un droit de constitution de rente, ci. .   .   .   .   **2 » p. 100.**

Ce droit portera sur le capital versé par le bénéficiaire, pour la création de ladite rente.

3° Si la somme due par la compagnie doit profiter non au souscripteur de la police, mais à un *tiers*, du vivant dudit souscripteur, ou seulement à sa mort, il sera dû :

Dans le premier cas, le droit de donation entre vifs, dont la quotité sera déterminé suivant le degré de parenté ayant existé entre le souscripteur et le bénéficiaire.

Dans le deuxième cas, le droit de mutation par décès, déterminé par la même base.

IV. — Si le souscripteur bénéficiaire cède à un tiers le bénéfice à retirer d'une police de l'espèce, cette cession pourra être faite par une déclaration transcrite sur un registre tenu à cet effet par la compagnie; si elle est faite dans une autre forme, l'acte qui la constate sera notifié par huissier à ladite compagnie, après enregistrement.

Alors seulement ces cessions pourront produire leur effet, envers la compagnie et envers les tiers.

Si la cession est faite moyennant un prix revenant au cédant, le droit de cession de créance sera dû, ci . .   .   .   **1 p. 100.**

Si la cession est faite à titre gratuit, il y aura lieu de distinguer si le bénéfice devant provenir de la police est subordonné à la mort du cédant, ou à celle d'un tiers, ou bien s'il est subordonné à un événement d'une autre nature.

Dans le premier cas la cession à titre gratuit sera enregistrée au droit fixé pour les donations pour cause de mort.

Dans le deuxième cas, ladite cession sera enregistrée au droit fixé pour les donations éventuelles.

Enfin, si l'événement prévu par la police vient à se

réaliser, le règlement qui interviendra entre la société et le bénéficiaire donnera ouverture :

Dans le premier cas, au droit proportionnel de mutation par décès.

Dans le deuxième cas, au droit proportionnel de donation entre vifs.

Mais le droit proportionnel, de mutation par décès ou de donation, ne portera que sur la portion de bénéfice correspondant aux primes payées antérieurement à la cession, pour le cas où le surplus de ces primes aura été payé par le bénéficiaire ; auquel cas le surplus de ce bénéfice donnera ouverture au droit de quittance, ou au droit de constitution de rente viagère suivant les cas.

V. — Les Polices de l'espèce, les Avenants, les Cessions, les Quittances et Autres actes relatifs à ces polices seront portés jour par jour, et par ordre de numéro, sur un répertoire tenu à cet effet conformément aux règles établies par les articles 49 à 53 de la loi du 22 frimaire an VII, 10 et 12 de la loi du 16 juin 1824.

III

Augmentation de 25 p. 100 au moins, de 50 pour 100 au plus, des droits de mutations par décès, et de donations entre vifs ; mais seulement, en ce qui concerne les premiers, sur les valeurs, transmises par testament, ou donation pour cause de mort.

La mesure que je viens vous proposer ne change rien dans le tarif des droits de mutations par décès s'opérant en vertu du droit d'hérédité, elle l'augmente seulement pour les valeurs transmises par testament et donation pour cause de mort ; — Elle ne porte donc aucune atteinte aux droits de la famille. Enfin elle est non-seulement justifiée par les besoins présents du trésor public, mais aussi par cette considération qu'elle porte seulement sur la fortune acquise.

Je crois que la différence de droits, ici proposée entre ceux mis à la charge des héritiers et ceux mis à la charge des légataires et donateurs pour cause de mort, existe en Belgique ; son application est incontestablement d'une exécution facile. — Ses produits, bien que ne pouvant être précisés même d'une manière approximative (à moins d'un dépouillement monstre), seraient *certainement très-sérieux.*

La seule énonciation de cette mesure la précise d'une manière trop complète, pour qu'il soit nécessaire de lui donner un plus long développement ; aussi je me borne à ajouter cette simple observation : Il nous faut de l'argent !

— Tâchons de réaliser les recettes qui nous sont indispensables, sans peser plus lourdement sur les choses de *première nécessité pour la vie de l'industrie nationale, pour la vie de chacun.*

La présente proposition a cet avantage, c'est déjà beaucoup, j'ose espérer que cela sera suffisant pour lui mériter vos sympathies.

IV

Les Primes payées par les Sociétés, Compagnies, Départements et Villes, aux porteurs de leurs titres désignés par voie de tirage au sort, sont soumises à un droit de 10 p. 100 au profit du Trésor public.

Il faut de l'argent ! pressés par cette voix inexorable de la nécessité, nous en avons demandé à bien des sources ; pas cependant à toutes celles qui devraient déjà être imposées.

Au nombre de ces dernières, permettez-moi, Messieurs, de vous signaler les primes payées par les Sociétés, Compagnies, Établissements, Départements et Villes, aux porteurs de leurs titres désignés par voie de tirage au sort. — Si jamais impôt a été justifié, sans conteste, c'est celui-là.

Je crois aussi que fixer le chiffre de cet impôt à 10 p. 100 n'a rien d'exagéré, car ce chiffre répond au droit de donation entre personnes non parentes.

Il va sans dire que cet impôt serait payé par le débiteur de la prime et avant sa remise au titulaire.

Comme base, comme réglementation, cette proposition n'est pas de nature, je crois, à demander un plus long développement; — par le nombre et le chiffre des primes gagnées chaque année, il est facile de se rendre-compte du produit que le Trésor public pourrait tirer de l'adoption de cette mesure, il ne manque pas d'une certaine importance.

Importance qui augmente en présence des besoins de l'Etat.

En résumé, les quatre propositions que je viens d'avoir l'honneur de vous exposer sont d'une *pratique facile, très-sérieusement profitables pour le Trésor public, et ne touchent en rien aux choses de première nécessité pour l'industrie nationale ou pour la vie de chacun;* conditions sur lesquelles je vous demande la permission d'insister, comme étant capitales.

Pour les repousser, il faudrait avoir mieux. — Le mieux, je fais des vœux sincères pour que vous le trouviez. — Mais de grâce, si ce mieux vous fait défaut, daignez, dans votre patriotisme éclairé, ne pas repousser des mesures qui incontestablement présentent de *grands avantages* et, permettez-moi de le dire, *beaucoup moins d'inconvénients* que bon nombre de nos impôts anciens et nouveaux.

Je vais terminer, Messieurs, la série de ces observations déjà bien nombreuses, venant d'un contribuable sans autorité par lui-même; mais je tiens à vous les signaler parce qu'elles s'appuient sur une longue pratique des affaires. Or, pour la science administrative comme pour toutes les sciences, sans l'union de la Pratique et de la Théorie, le Progrès est un vain mot.

Porter un peu de lumières dans les questions que j'ai eu l'honneur de soumettre à votre examen, questions très-spéciales, et peu connues des hommes du monde, à raison même de leur spécialité, tel est mon unique désir.

Si je puis atteindre ce but, grande sera ma récompense; si je le manque, permettez-moi de compter sur votre bien-veillante indulgence en faveur de mes bonnes intentions.

Je vais achever ce travail en passant à une série de propositions tendant, non à la création de nouveaux impôts, non à l'augmentation d'impôts existants, mais simplement tendant à assurer le recouvrement des droits dont elles traitent; recouvrement si souvent éludé, au grand préjudice du Trésor, à défaut de garanties légales suffisantes.

V

Obligation imposée aux débiteurs et détenteurs de valeurs dépendant d'une succession, de n'en faire remise aux héritiers ou ayants droit qu'après justification, par ces derniers, du payement des droits de mutation par décès, dus à raison de ces mêmes valeurs.

Réprimer la fraude en matière d'impôt est une nécessité sans doute, mais l'expérience prouve chaque jour combien, en présence de l'imperfection de notre législation fiscale, cette répression manque son but; combien même, chose pénible à dire, elle contribue par son impuissance à démoraliser les masses. — Il n'est pas de mensonges, il n'est pas de détours devant lesquels recule la Fraude, pour éluder la loi et, en même temps, éviter les pénalités par elle prononcées. Et le plus souvent la Fraude réussit.

Mieux vaut donc chercher à prévenir la fraude, que chercher à la réprimer en augmentant soit le nombre, soit la force des pénalités.

C'est pressé par cette pensée, que je crois juste, incontestable, que je viens vous exposer les mesures suivantes tendant : A assurer le recouvrement des droits de mutation par décès, en PRÉVENANT les omissions de valeurs mobilières et immobilières dans les déclarations de successions; A combattre avantageusement la fraude, en *assurant mieux* l'action répressive de la loi.

Voici en quoi consistent ces propositions :

I. — Les Compagnies et Sociétés, montées par actions, ne pourront opérer aucun transfert, aucune conversion de leurs titres provenant d'une succession, qu'après justification par les ayants droit du payement des droits de mutation par décès, sous peine d'être responsables desdits droits envers le Trésor.

Aujourd'hui, en pareil cas, les compagnies font simplement payer les droits de transferts fixés à 50 p. 100. Et le droit de mutation par décès, variant de 1, 25 à 11, 25 p. 100, est très-souvent perdu pour le Trésor, quand les héritiers sont des étrangers ; quand les héritiers, même Français, ne possédant rien par eux-mêmes.

Cette justification devra être exigée, même alors que ces conversions et transferts seront demandés avant l'expiration des délais fixés, par l'article 24 de la loi du 22 frimaire an VII, pour faire la déclaration de la succession. Mais, dans ce cas, les héritiers et autres ayants droit auront la faculté de faire des déclarations partielles ne comprenant que les valeurs dont il s'agit.

C'est du reste ce qui se fait. Dans la pratique, on accepte, *bien que la loi se taise à cet égard*, des déclarations partielles pour faciliter la vente de ces valeurs.

II. — Sous la même peine, semblable justification sera exigée avant payement.

Savoir :

Par la caisse des dépôts et consignations.

Les caisses d'épargnes,

Les caisses communales,

Les administrateurs ordonnateurs des établissements publics et des établissements déclarés d'utilité publique.

Les officiers publics et ministériels qui auront procédé à la vente de valeurs de cette origine, alors qu'ils restent chargés d'en recouvrer le prix.

Les acquéreurs desdites valeurs, lorsque le prix doit être remis, par eux, directement aux vendeurs ou à leurs ayants cause.

III. — Cette justification sera faite (ainsi que cela a lieu aujourd'hui en cas de transfert de rente sur l'État) au moyen d'un certificat de payement délivré sans frais par le receveur qui aura reçu la déclaration de la succession.

IV. — Dans tous les cas ci-dessus, alors que les intérêts du Trésor seront primés par les droits des tiers, le certificat de payement pourra être remplacé par un consentement à paiement délivré, sans frais, dans la forme administrative (1).

Par ces simples mesures, Messieurs, non-seulement on préviendrait mieux la fraude, non-seulement sa répression serait plus sûre, on éviterait encore à des contribuables de bonne foi, mais peu au courant de leurs obligations en matière de lois fiscales, ces demandes tardives de doubles droits qui viennent les frapper alors que les sommes touchées sont

---

(1) On dit *pourra*, parce que dans ces cas, alors que les droits des tiers paraîtront primer les droits du Trésor, les détenteurs et débiteurs pourront, sous leur responsabilité, exiger, ou non, ce consentement à payement.

dépensées; alors, souvent, qu'ils ne peuvent que très-diffici-
lement se libérer, quand ils le peuvent.

Les contribuables honnêtes et pauvres, le Trésor public
trouveraient donc leur avantage dans l'adoption des mesures
ici proposées.

VI

*En cas de ventes aux enchères de valeurs mobilières autres que
celles cotées à la Bourse, dépendant d'une succession, le prix
de ces ventes servira de base définitive à la perception des droits
de mutation par décès; que ces ventes soient faites avant, ou
après la déclaration de succession.*

Les droits de mutation par décès sont dus à raison
de la valeur de la chose transmise. Quand il s'agit de valeurs
mobilières, il n'est pas de document plus certain pour déterminer cette valeur, que le prix de la vente qui en est faite
aux enchères publiques.

Ce prix, pour l'héritier, représente bien la valeur de la
chose transmise; il paraît donc juste de le prendre pour base
du payement des droits de mutation par décès dus par
l'héritier, et de n'accepter, comme base, les inventaires et
les états estimatifs alors seulement que les ventes aux enchères font défaut.

Voici les principales mesures législatives qui pourraient,
avec avantage, régler cette matière.

I. — En cas de vente aux enchères de valeurs mobilières
dépendant d'une succsssion, autres que les valeurs cotées à
la Bourse, le prix ce cette vente servira de base définitive
pour la perception des droits de mutation par décès, que la

vente soit faite avant, ou après la déclaration de la succession.

II. — Si la vente est faite après la déclaration de la succession, en cas de complément de droit, le payement devra en être effectué dans le mois de la date de l'acte, sous peine d'un droit en sus :

Cependant, si les délais fixés par l'art. 24 de la loi du 22 frimaire an VII n'étaient pas écoulés, alors le payement devra, sous la même peine, être fait dans lesdits délais.

Cette mesure est conforme à l'esprit de la loi du 22 frimaire an VII; admirable code de perception, si fâcheusement torturé, dénaturé par les mille lois qui ont été rendues sous prétexte d'amélioration.

VII

Déclarations de locations verbales, à faire aujourd'hui par le propriétaire d'un immeuble, remplacées par un Bulletin de location à remettre au Receveur de l'enregistrement.

La facilité d'exécution est une des conditions premières à observer dans les lois d'impôts, est-il nécessaire de démontrer que ces conditions laissent beaucoup à désirer en ce qui concerne la loi du 25 août 1871, régissant aujourd'hui la perception du droit d'enregistrement sur les baux écrits et les baux faits verbalement? Je ne le pense pas.

Que de déplacements elle impose aux contribuables, que d'écritures, surtout, elle nécessite de la part des employés ! Sans doute, le but que l'on s'est proposé d'atteindre, en provoquant cette loi, n'a pas été seulement de faire porter le droit de 0,20 p. 100 sur les locations verbales, mais aussi d'arriver à établir, d'une manière légale et plus complète, la valeur locative des immeubles.

Je pense qu'à cet égard des mesures d'une application et d'une exécution beaucoup plus facile pourraient être adoptées.

Je vais essayer d'en indiquer quelques-unes, que je présente sous forme de loi, afin de les préciser plus brièvement.

A partir du . . . . 1874, les locations d'immeubles sont soumises aux droits ci-après :

1° Celles contractées par acte à raison de 0,20 p. 100 sur le prix de location, multiplié par le nombre d'années pour lequel l'immeuble est loué ; avec faculté de payer les droits par période, pour les baux excédant trois ans.

2° Celles non contractées par acte paieront, chaque année, un droit de 2 p. 100 sur le revenu locatif servant à déterminer la cote mobilière, quand il s'agit de propriétés bâties ; et sur les revenus fonciers servant de base à l'impôt foncier, pour les autres immeubles.

Ce droit de 2 p. 100 sera payé dans les mêmes conditions et le même temps que les autres contributions directes.

II. — Cependant, si une location est faite pour un an et moins, le droit de 2 pour 100 ne sera pas exigé et le bail écrit pourra être remplacé par un *Bulletin de location* signé par le bailleur ou son représentant; fait en double minute, l'une sur papier timbré par l'apposition de timbres mobiles, à raison de 0,25 par 100 francs du prix de location, l'autre sur papier libre.

Ce bulletin, indiquant les noms, prénoms et profession, du preneur et du bailleur, la désignation de l'immeuble ou de la portion d'immeuble faisant l'objet de la location, le prix de la location, l'entrée en jouissance et sa durée, sera remis au receveur de l'enregistrement de l'arrondissement dans lequel l'immeuble loué se trouve situé.

Après visa par le receveur, la minute rédigée sur timbre sera rendue au bailleur, l'autre restera aux mains de l'Administration de l'enregistrement..

III. — Les bulletins de location, signés par les propriétaires ou leurs représentants, pourront être opposés aux contribuables, en cas de fausse évaluation, comme le seraient les baux écrits dont ils tiendront lieu.

Par la substitution du *Bulletin* sur timbre à l'enregistrement de la déclaration de location verbale, disparaît un *énorme travail matériel* qui, en ce moment, incombe à des employés chargés aussi de travaux beaucoup plus productifs et demandant, pour être bien faits, du temps et une grande liberté d'esprit.

Le droit de timbre payé pour chaque Bulletin de location remplacerait avantageusement le droit d'enregistrement, aujourd'hui perçu pour les locations verbales de l'espèce.

Enfin, le droit de 2 p. 100 proposé aurait l'avantage, ou dé faire entrer dans nos usages, à la ville, comme à la campagne, la location par bail écrit et enregistré, ou de procurer au Trésor une ressource nouvelle, au choix des contribuables.

Par l'adoption de ce système, on obtiendrait certainement une notable diminution de travail pour les employés chargés du recouvrement de cette partie du revenu public ; et, si elle ne présente pas une notable augmentation dans le produit spécial des droits de baux, elle assurerait, certainement aussi, un travail moins précipité et plus productif, pour la perception des autres droits confiée aux receveurs de l'enregistrement.

En résumé, quel serait le chiffre des recettes que le Trésor retirerait, chaque année, de l'adoption de ces diverses mesures? Les préciser est impossible; mais ce qui est incontestable, c'est qu'il ne serait pas inférieur à 30,000,000.

Je m'arrête, Messieurs, bien que la matière soit loin d'être épuisée; et je vous demande, pour mon travail, une bienveillante attention, non à raison du mérite de l'auteur, mais à raison de l'importance que présentent pour le Trésor les propositions qui y sont exposées.

PARIS. — IMPRIMERIE DE VICTOR GOUPY, RUE GARANCIÈRE, 5.

www.ingramcontent.com/pod-product-compliance
Lightning Source LLC
LaVergne TN
LVHW010208060726
842524LV00005B/2069